IL PICCOLO
LIBRO
DEL BUDDISTA

BETTINA LEMKE

IL PICCOLO
LIBRO
DEL BUDDISTA

LA VIA PER RAGGIUNGERE
IL VERO EQUILIBRIO

Titolo originale
Der kleine Taschenbuddhist
© 2016 by dtv Verlagsgesellschaft mbH & Co. KG, Monaco/Germania,
tramite Giuliana Bernardi Literary Agent

Progetto grafico: Silvia Virgillo

Traduzione di Rachele Salerno per Studio editoriale Littera
Realizzazione editoriale: Studio editoriale Littera, Rescaldina (MI)

www.giunti.it

© 2019 Giunti Editore S.p.A.
Via Bolognese 165 – 50139 Firenze – Italia
Piazza Virgilio 4 – 20123 Milano – Italia
Prima edizione: febbraio 2019

Stampato presso Nuovo Istituto Italiano d'Arti Grafiche – Bergamo

Non restare attaccato alle cose, Emmeram!

Studiare il buddismo è studiare il sé.

Studiare il sé è dimenticare il sé.

Dimenticare il sé è essere tutt'uno con gli altri.

MAESTRO ZEN DOGEN

COMPASSIONE E SAGGEZZA

Uno dei messaggi fondamentali del buddismo è che ogni essere vivente al mondo teme la sofferenza. Questo vale, naturalmente, anche per noi uomini. Un'altra cosa che ci accomuna tutti è il desiderio di essere soddisfatti e felici. Qualunque sia la nostra relazione con le altre persone, amichevole o conflittuale, ciascuno di noi aspira alla piena realizzazione e ha paura di soffrire. Da questo punto di vista, siamo tutti nella stessa barca.

Raggiunta questa consapevolezza, saremo in grado di provare compassione nei confronti degli altri e di interagire con piena partecipazione e benevolenza. La compassione è uno dei principi fondamentali del buddismo. Se lo interiorizziamo e ci sforziamo di applicarlo nella nostra vita, pensiamo e agiamo già come buddisti e ci avviciniamo molto, per dirlo con le parole di Buddha, alla massima felicità, ovvero alla nostra liberazione.

Oltre al principio della compassione, il buddismo offre molte altre profonde verità, fonti di ispirazione e validi suggerimenti per condurre una vita soddisfacente. Inoltre, ci dà consigli pratici e concreti su come affrontare tante situazioni che incontriamo nella nostra vita quotidiana, la quale spesso ci pone sfide complesse. Stress, difficoltà e preoccupazioni sono all'ordine del giorno e possono provocare tensioni e stanchezza. A volte semplicemente ci mancano equilibrio e relax. E, di frequente, anche se noi ci sentiamo positivi e ponderati, ci troviamo a confrontarci con persone agitate, frustrate o inquiete che sfogano su di noi il loro malumore.

In tutti questi casi, il buddismo viene in nostro soccorso. Alcuni suggerimenti sono facili da mettere in pratica, altri – per esempio alcune meditazioni – necessitano di un minimo di esercizio, ma possono avere effetti benefici duraturi.

Questo libro vuole fornire una breve introduzione alle teorie basilari del buddismo – come le Quattro Nobili Verità e il Nobile Ottuplice Sentiero – e spiegarne i principi fondamentali, come la legge karmica di causa ed effetto, la transitorietà di tutte le cose, l'eterno ciclo di morte e rinascita e la tecnica di concentrazione e orientamento al momento presente.

Su questo sfondo si collocano i suggerimenti e i consigli pratici per la vita quotidiana raccolti nella seconda parte. Possono aiutarci a raggiungere maggiore equilibrio, chiarezza e soddisfazione interiore.

In molte situazioni basterebbe un «cambio di prospettiva» in senso buddista per modificare il nostro atteggiamento interiore e, in questo modo, renderci molto più tranquilli. Spesso può esserci di ulteriore aiuto un semplice esercizio di respirazione o di meditazione.

La meditazione è uno strumento straordinariamente utile nel buddismo: in questo libro troverete alcuni esercizi tradizionali, tramandati da esperti maestri. In generale è consigliabile farsi iniziare alla meditazione da un buon insegnante, soprattutto se ci si vuole esercitare intensamente e si desidera raggiungere intuizioni profonde. È attraverso la pratica, infatti, che maturano tante domande: il supporto e la guida di un maestro possono contribuire a fare chiarezza.

Il buddismo offre molte verità universali ed esercizi pratici, che possono arricchire la nostra vita. Ciononostante, non dobbiamo dimenticare che Buddha stesso ha sempre esortato i suoi seguaci a fare appello al proprio spirito critico.

Dobbiamo mettere alla prova ogni dottrina e consiglio, per verificare se sia utile e benefico per noi, e solo in quel caso decidere di adottarlo e metterlo in pratica. Persino il *Dharma*, ovvero gli insegnamenti di Buddha, va considerato null'altro che un utile strumento, al punto che lo stesso Buddha lo ha paragonato a una zattera: «Vi servirà ad attra-

versare il fiume ma, quando sarete arrivati sani e salvi sull'altra spon-
da, lasciatela dov'è. Non c'è bisogno che la portiate con voi».

È così che dovreste usare anche questo libro. Lasciatevi ispirare, ma
non mancate mai di verificare se i suoi consigli risultano utili *per voi*.
E se vi rendete conto di non aver più bisogno di alcuni di essi, separa-
tevene, come se vi liberaste di una zavorra.

Un'ultima spiegazione sulle illustrazioni: il «nodo infinito» che apre le
citazioni simboleggia la concezione buddista secondo cui tutte le cose
sono legate e rappresenta l'infinita saggezza di Buddha. Gli esercizi
pratici, così come alcuni episodi particolarmente esemplificativi della
levatura morale di Buddha, saranno contrassegnati dal fiore di loto,
simbolo della purezza dello spirito.

E ora, con mente vigile e aperta, intraprendiamo il nostro viaggio nel
mondo del buddismo.

DA PRINCIPE
A ILLUMINATO

Siddhartha Gautama nacque duemilacinquecento anni fa (intorno al 563 a.C.) nel Nord dell'India. In pali, ovvero la lingua in cui probabilmente insegnava Buddha, il suo nome veniva pronunciato Siddhattha Gotama.

Era il figlio di Suddhodana, sovrano del regno di Sakya, e di sua moglie Mahamaya. Ebbe un'infanzia spensierata e opulenta, nel palazzo reale. Suo padre fece del suo meglio perché al suo rampollo non mancasse nulla e per impedire che venisse mai a diretto contatto con la miseria o il dolore. Secondo la tradizione, Siddhartha si sposò all'età di soli sedici anni con la principessa Yasodhara, dalla quale ebbe un figlio, Rahula.

Dopo gli anni trascorsi senza fare alcuna esperienza del mondo reale, Siddhartha sentì il bisogno di conoscere la vita vera, al di fuori delle mura del palazzo. Così, con la complicità di un cocchiere, uscì di nascosto, scoprendo le tante cose di cui, fino a quel momento, era stato tenuto all'oscuro. Come un sacerdote gli aveva predetto, durante una delle sue incursioni Siddhartha vide un uomo malato, un anziano e un morto. In quel momento comprese che la vita è segnata dal dolore, e quella nuova consapevolezza gli rese impossibile continuare a godere della protezione e degli agi cui era abituato. Quando, infine, si imbatté in un monaco mendicante, che conduceva un'esistenza semplice e ritirata, Siddhartha decise di intraprendere un percorso ascetico e mettersi in cerca di una via che conducesse alla liberazione dal dolore e all'illuminazione.

A ventinove anni lasciò il palazzo, smise gli abiti di stoffe pregiate e, con indosso una semplice tunica, iniziò a viaggiare per il Paese come monaco mendicante.

Nei successivi sei anni si fece istruire da diversi maestri di saggezza e si esercitò nella più completa ascesi. Eppure nessuno di quegli sforzi gli permise di avvicinarsi al suo obiettivo: raggiungere il Nirvana. Così rinunciò al digiuno, si rimise in forze e si recò presso un albero di fico, che poi sarebbe stato chiamato Albero della Bodhi (Albero della Saggezza). Si sedette ai suoi piedi e promise di rialzarsi soltanto quando avesse raggiunto l'illuminazione, e con essa il Nirvana. Cominciò a meditare e sprofondò in uno stato di assoluto raccoglimento, nel quale gli furono rivelate conoscenze essenziali. Ricordò tutte le sue precedenti esistenze e comprese il ciclo di morte e rinascita. Nel corso di una notte riuscì finalmente a sperimentare l'illuminazione, trasformandosi così in Buddha, «l'Illuminato». In seguito, meditò ancora per quarantanove giorni sulle verità più profonde delle quali, grazie alla sua strenua ricerca, era stato messo a parte.

Dopo qualche iniziale esitazione, decise di comunicare il Dharma, ovvero la sua dottrina (*Dhamma*, in pali), agli altri uomini. Nei successivi quarantacinque anni istruì, instancabilmente e con la sconfinata compassione di cui era capace, i suoi discepoli. All'età di ottant'anni (nel 483 a.C. circa) entrò nel Nirvana definitivo, il cosiddetto Parinirvana.

LE SCUOLE
DEL BUDDISMO

Nel buddismo esistono diversi sistemi di pensiero e tradizioni, che si dividono in due gruppi principali: i cosiddetti Piccolo Veicolo, *Hinayana*, e Grande Veicolo, *Mahayana*.

Al primo appartiene il buddismo Theravada (letteralmente la «scuola degli anziani»), diffuso soprattutto nei Paesi del Sud-est asiatico come il Myanmar, la Thailandia, il Laos, la Cambogia e lo Sri Lanka. Si sviluppò subito dopo la morte di Buddha (avvenuta nel 483 a.C. circa) e comprende complessivamente diciotto scuole, sorte a quell'epoca e attive ancora oggi. Quando, nel Primo secolo dopo Cristo, iniziò a diffondersi la tradizione Mahayana – alla quale appartiene, tra gli altri, anche il buddismo Zen –, la dottrina buddista prese piede in Asia orientale e settentrionale, oltre l'Himalaya. Oggi la scuola Mahayana è seguita soprattutto in Mongolia, Cina, Giappone, Corea e Vietnam.

Al centro della tradizione Hinayana c'è la liberazione del sé, mentre i seguaci della Mahayana auspicano la liberazione dal dolore di tutti gli esseri viventi. Per questo, in questa tradizione, gioca un ruolo fondamentale l'ideale del *bodhisattva*, l'essere vivente destinato a conseguire l'illuminazione, il quale però promette, dopo averla trovata, di non sprofondare nel completo Nirvana, ma di tornare nel mondo per aiutare altre persone a raggiungere l'obiettivo.

Un'altra dottrina che fa capo alla scuola Mahayana è il buddismo *Vajrayana* – noto anche come buddismo del Veicolo Adamantino o Tantra –, che fece la sua comparsa nel nord dell'India a partire dal Terzo secolo dopo Cristo, ampliando la precedente tradizione del

Mahayana con l'introduzione di particolari tecniche tantriche, come certe forme di meditazione o la recitazione di mantra, che permetterebbero ai suoi seguaci un più rapido raggiungimento dell'illuminazione. Questa tradizione buddista si sviluppò soprattutto in Tibet, dove raggiunse la sua massima fioritura. Oggi è diffusa in Nepal, Cina e Giappone.

A partire dal Diciannovesimo secolo, anche in Europa iniziò a manifestarsi interesse per il buddismo. Ai nostri giorni le scuole Theravada, Mahayana e Vajrayana sono presenti in tutto il mondo occidentale.

LA SAGGEZZA
DI BUDDHA

Tutte le cose belle del mondo – suoni dolci,
forme graziose, le straordinarie esperienze
che facciamo con il tatto, il gusto e la mente –
ci rendono felici soltanto se non rimaniamo
attaccati a esse e non cerchiamo di possederle.
Se le vediamo come piaceri che ci sono dovuti
e dovrebbero soddisfarci, se non riusciamo
a percepirle come una meraviglia passeggera,
allora ci procurano dolore.
Sii sempre consapevole di questa paradossale verità,
perché se sei cieco e non capisci come sono fatte
realmente le cose, non vedrai niente, nemmeno
stando in piedi sulla cima di una montagna.

BUDDHA

LE QUATTRO
NOBILI VERITÀ

Le Quattro Nobili Verità costituiscono il nucleo centrale della dottrina buddista. Affermano che la sofferenza è insita nella vita umana, ma che possiamo mettervi fine se ne eliminiamo le cause e seguiamo il Nobile Ottuplice Sentiero, che conduce alla felicità e all'illuminazione.

LA PRIMA NOBILE VERITÀ:
IL MONDO È PIENO DI SOFFERENZA

Buddha comprese che la vita in questo mondo non può donarci felicità durevole e benessere. Malgrado le esperienze positive e i momenti di gioia e soddisfazione, infatti, siamo predisposti alla sofferenza, *dukkha* in pali.

Per Buddha la nascita è sofferenza, l'invecchiamento, la malattia e la morte sono sofferenza, come pure la preoccupazione, la tristezza, il dolore e la disperazione. E ancora: bramare qualcosa che non possiamo avere o ottenere qualcosa che non desideriamo è sofferenza, separarci dalle persone che amiamo è sofferenza. È la nostra stessa tendenza ad attaccarci alle cose, cercando di trattenerle a ogni costo, a esporci alla continua esperienza del dolore.

L'esistenza terrena è sottoposta all'impermanenza (*anicca* in pali). Niente a questo mondo, che sia positivo o negativo, dura in eterno. E visto che anche la felicità, la soddisfazione e l'armonia sono fuggevoli, siamo destinati a incontrare delusioni, ansia e sofferenza.

Pur desiderando sfuggire la sofferenza

in verità la cercano e vi si precipitano dentro,

e desiderando la felicità la distruggono

a causa della loro ignoranza,

quasi che la loro felicità fosse un loro nemico.

SHANTIDEVA

LA SECONDA NOBILE VERITÀ: LA SOFFERENZA HA UNA CAUSA

L'origine della nostra sofferenza risiede nei nostri desideri e brame – in pali *tanha*, che significa «sete» – e dall'attaccamento che questi generano.

Tutti noi aspiriamo a cose che ci sembrano allettanti: la ricchezza, il potere, la fama o i piaceri terreni. Ci aggrappiamo a queste cose perché non vogliamo ammettere che tutto è transitorio.

Così come fatichiamo a riconoscere la provvisorietà di oggetti, percezioni e pensieri, ci autoinduciamo a credere anche a un «sé» persistente. Tuttavia, anche in questo caso siamo vittime di un'illusione della nostra mente: il sé, infatti, esattamente come tutti gli altri fenomeni di questo mondo, non possiede un'essenza invariabile né un'esistenza propria.

Si tratta, piuttosto, di un accumulo di elementi corporei e psichici che si originano a partire da determinate condizioni e vengono sottoposti a continue modificazioni.

Quello che definiamo «personalità» o «sé» non è altro che un fenomeno più ampio, che, come tutta la realtà, viene ricreato in ogni momento attraverso l'incessante catena causale della «genesi dipendente».

Tuttavia, a causa della nostra ignoranza e del nostro accecamento, non riconosciamo la nostra vera natura e la natura di tutte le cose e ci affanniamo anche a lottare disperatamente contro la fugacità di oggetti, pensieri e sentimenti.

Abbiamo un'idea fissa del nostro sé e le restiamo fedeli con tutte le nostre forze. In questa idea rientrano tratti caratteriali e peculiari, particolari abitudini, preferenze e inclinazioni, ma anche desideri e bisogni. Tutto questo, e non solo, concorrere a formare la nostra immagine di noi stessi.

Proprio perché siamo così legati all'idea del nostro sé, con tutti i suoi desideri e le sue inclinazioni, siamo sempre impegnati a cercare di soddisfare i nostri bisogni egocentrici e, al contrario, a tenere lontano tutto ciò che non vogliamo.

Tutto ciò causa inevitabilmente sofferenza.

Alcune persone soffrono senza sapere perché.

Non comprendono come si origina il dolore,

quando finisce e come vi si possa porre fine.

Non sanno che l'attaccamento

è una delle cause della sofferenza.

Gli uomini restano attaccati alle circostanze

della loro vita, appigliandovisi

con le unghie e con i denti.

Questo causa loro altra sofferenza.

L'ignoranza li spinge a restare fedeli alle cose,

perché la loro mente è confusa e annebbiata.

Se smettessero di reagire ai loro impulsi,

intraprendessero il cammino della saggezza

e rinunciassero all'attaccamento,

smetterebbero di soffrire.

BUDDHA

LA TERZA NOBILE VERITÀ:
SI PUÒ SMETTERE DI SOFFRIRE

Se ci liberiamo del nostro attaccamento e dei nostri desideri, possiamo porre fine al dukkha. Se rinunciamo all'illusione del sé, prendiamo coscienza della mutevolezza delle cose e abbandoniamo i nostri impulsi egoistici, i desideri e le brame, possiamo riuscire a raggiungere il Nirvana (in pali *nibbana*, ovvero «cessazione»).

Il Nirvana è difficile da descrivere, poiché esula dall'immaginario di quanti non ne hanno ancora fatto esperienza. È una condizione nella quale ogni desiderio cessa, dove non esistono più illusioni e odio. È la liberazione dal ciclo infinito di morte e rinascita (vedi anche il capitolo *La reincarnazione*, pp. 43-44), l'emancipazione dal dolore e la più pura e alta forma di felicità, che porta alla pace eterna.

LA QUARTA NOBILE VERITÀ:
ESISTE UNA VIA CHE PORTA
ALLA CESSAZIONE DEL DOLORE

Il Nirvana si può raggiungere solo attraverso l'illuminazione. E a essa si può pervenire unicamente seguendo il Nobile Ottuplice Sentiero, che ci offre una guida pratica per favorire il nostro sviluppo spirituale e liberarci dal desiderio, dalla dipendenza e, in ultima analisi, dalla sofferenza.

Il Nobile Ottuplice Sentiero è noto anche come la «via di mezzo», in quanto rappresenta un percorso armonico e privo di estremi. Buddha trascorse la propria infanzia e giovinezza circondato da ricchezze e piaceri in un contesto paradisiaco. Ciononostante, scelse di voltare le spalle a quella vita per dedicarsi alla ricerca della conoscenza sperimentando la perfetta ascesi. Poi, però, si accorse che nemmeno quella strada funzionava. Così comprese che nessuno dei due estremi poteva condurlo all'illuminazione, e consigliò ai suoi discepoli la via di mezzo, *Majjhima Patipada*, il percorso più fruttuoso per la pace interiore e la saggezza. La via di mezzo è composta dagli otto fattori dell'Ottuplice Sentiero.

Questa è la via di mezzo, la vera via:

nessun'altra conduce alla purezza dello sguardo.

Se la seguirai, la tua sofferenza cesserà.

Da quando ho imparato come ci si può liberare

dalla sofferenza provocata dalle illusioni,

insegno agli altri il cammino.

Tuttavia devi essere tu a percorrerlo,

il Buddha può soltanto indicarlo.

Chi lo intraprende con attenzione,

si libera dalle catene del sé.

BUDDHA

IL NOBILE OTTUPLICE SENTIERO

Il Nobile Ottuplice Sentiero ci fornisce una concreta linea guida in base alla quale orientare il nostro pensiero e le nostre azioni. I singoli fattori non sono pensati in modo da dover essere affrontati uno dopo l'altro, in sequenza. Tutti hanno lo stesso peso e si completano a vicenda. Idealmente bisogna cercare di rispettare le indicazioni nella loro interezza, completando tutto il cammino. Il simbolo per eccellenza dell'Ottuplice Sentiero è la Ruota del Dharma, i cui raggi ne rappresentano le otto diramazioni.

Il Nobile Ottuplice Sentiero è formato dai seguenti fattori:

1. retta visione;
2. retto pensiero;
3. retta parola;
4. retta azione;
5. retta condotta di vita;
6. retto sforzo;
7. retta consapevolezza;
8. retta meditazione.

La retta visione è la capacità di scorgere la realtà per ciò che effettivamente è, ovvero non attraverso il velo delle nostre preferenze o inclinazioni e non falsata dai nostri sentimenti, desideri e opinioni o dai filtri inadatti che il nostro ego ci impone. Quando raggiungiamo la retta visione, sviluppiamo una più profonda comprensione delle

Quattro Nobili Verità e di altri principi buddisti come, per esempio, il karma.

Con il retto pensiero, spesso definito anche retta intenzione, favoriamo l'emancipazione dello spirito. Cerchiamo di non farci dominare dai nostri desideri e ci sforziamo di evitare sentimenti nocivi come la cupidigia e l'odio, sviluppando invece benevolenza e compassione per gli altri.

Con la retta parola, la retta azione e la retta condotta di vita perseguiamo l'obiettivo di comportarci in modo eticamente irreprensibile, purificando al tempo stesso cuore e mente. Questi fattori del sentiero prescrivono concrete regole riguardanti il modo di agire. Non mentire o indugiare in maldicenze e pettegolezzi, interagire con gli altri in maniera da creare armonia. E ancora: non rubare, non uccidere, non commettere illeciti sessuali (a questi appartengono, per esempio, gli stupri). Inoltre, dovremmo guadagnarci da vivere con attività oneste, che non entrino in contrasto con l'etica e, anzi, favoriscano il progresso della società, o quantomeno non lo danneggino.

Il sesto elemento del sentiero, il retto sforzo, ci invita a concentrarci sul nostro percorso interiore e a perseguire lo sviluppo del nostro spirito, rifiutando tutto ciò che può corromperlo e favorendo condizioni psicologiche positive.

Con la retta consapevolezza ci riproponiamo di essere presenti in ogni momento, di concentrarci sul presente, e quindi di svolgere ogni attività con coscienza, e di percepire ogni sensazione e pensiero nel medesimo istante in cui si manifesta.

Con la retta meditazione, infine, impariamo a convogliare la nostra attenzione verso un punto preciso. Ci esercitiamo nella «perfetta concentrazione dello spirito». Riuscendo a padroneggiare questo esercizio spirituale nella maniera più completa, raggiungiamo una condizione di profondo raccoglimento che conduce all'illuminazione e, con essa, alla liberazione.

Il Nobile Ottuplice Sentiero può essere suddiviso in tre ambiti principali. I primi due fattori pertengono all'ambito soprannominato della «saggezza» e rappresentano la base della seconda area del sentiero, quella dell'«azione etica». Di questa fanno parte la retta parola, la retta azione e la retta condotta di vita. L'ultimo gruppo, infine, è costituito dagli esercizi spirituali, vale a dire il retto sforzo, la retta consapevolezza e la retta meditazione. Questo ambito va sotto il nome di «raccoglimento».

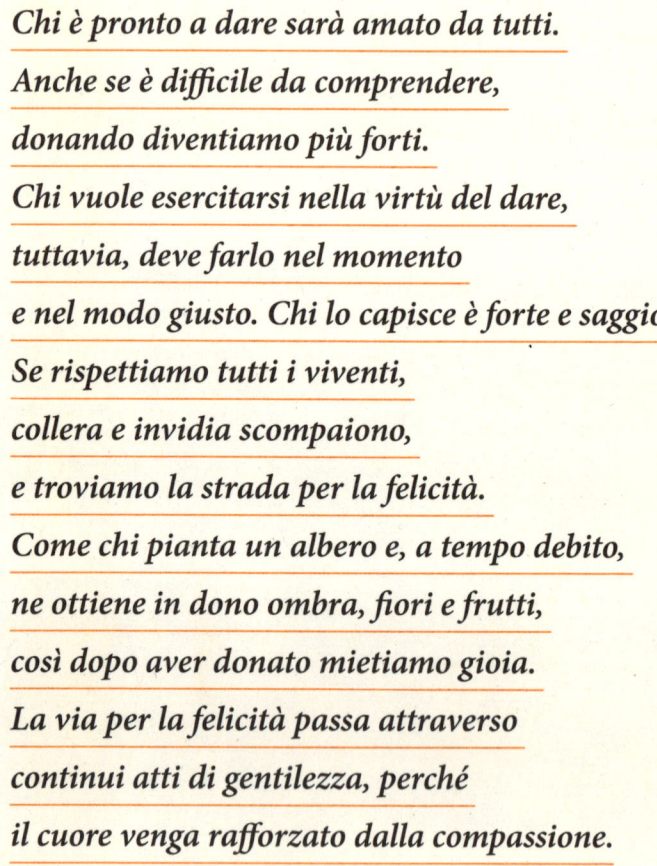

Chi è pronto a dare sarà amato da tutti.

Anche se è difficile da comprendere,

donando diventiamo più forti.

Chi vuole esercitarsi nella virtù del dare,

tuttavia, deve farlo nel momento

e nel modo giusto. Chi lo capisce è forte e saggio.

Se rispettiamo tutti i viventi,

collera e invidia scompaiono,

e troviamo la strada per la felicità.

Come chi pianta un albero e, a tempo debito,

ne ottiene in dono ombra, fiori e frutti,

così dopo aver donato mietiamo gioia.

La via per la felicità passa attraverso

continui atti di gentilezza, perché

il cuore venga rafforzato dalla compassione.

BUDDHA

LA COMPASSIONE

La compassione è senz'altro uno degli elementi centrali della dottrina buddista.

Stando agli insegnamenti di Buddha, condurre una vita improntata all'altruismo e trattare gli altri esseri umani in modo positivo, affettuoso e compassionevole ci permetterà di liberare il nostro spirito.

A questo scopo è necessario evitare atteggiamenti deleteri e distruttivi e sforzarsi di raggiungere i cosiddetti «quattro incommensurabili» stati mentali, o *Brahmavihara* (in lingua pali, letteralmente «dimora di Brahma»): *metta*, ovvero «amore», *karuna*, «compassione», *mudita*, «gioia», e *upekkha*, «equanimità».

Metta, questo sentimento di bontà e amore incondizionato, è caratterizzato dal desiderare il benessere di tutti gli esseri viventi. Sappiamo cosa significa soffrire, e la prospettiva di provare dolore ci spaventa. Di conseguenza, ciascuno di noi fa del proprio meglio per essere felice. Partendo dalla consapevolezza che questa condizione è comune a tutti gli esseri viventi, si sviluppa in noi un altruismo tale da augurare la felicità a chiunque.

Karuna, la compassione, trae origine dalla vista della sofferenza altrui. Se una persona a noi vicina ha una grave malattia o è angosciata da un dispiacere, proviamo empatia per lei e ci sentiamo coinvolti. Speriamo con tutto il nostro cuore che possa guarire presto o lasciarsi alle spalle ciò che la sta facendo soffrire.

Mudita è la capacità di partecipare alla gioia e ai successi degli altri, vale a dire il contrario dell'invidia e della gelosia. A molte persone spesso riesce difficile compiacersi sinceramente e in maniera disinteressata per i successi degli altri e rallegrarsi per le loro gioie e soddisfazioni, tuttavia si tratta di un passo imprescindibile nel cammino buddista.

Upekkha, l'equanimità, descrive l'atteggiamento che ci permette di trattare gli altri senza pregiudizi e di non perdere il nostro equilibrio interiore quando incontriamo sulla nostra strada persone con cui è difficile interagire, o ci troviamo ad affrontare improvvisi cambiamenti nella nostra vita.

Quando siamo in grado di provare empatia per gli altri, sentimenti come la rabbia, l'egoismo e l'invidia non trovano più posto nei nostri cuori.

Con l'aiuto dei Brahmavihara possiamo non solo riuscire a gestire in modo più armonico e pacifico la convivenza con le persone che stanno intorno a noi, ma anche iniziare a percorrere il cammino che conduce alla pace interiore e, in ultimo, all'affrancamento dalle preoccupazioni e dal dolore: i quattro incommensurabili stati mentali, infatti, costituiscono la dimora naturale di un cuore risvegliato.

I monaci e le divinità degli alberi

Un giorno, durante la stagione delle piogge, alcuni monaci che si erano ritirati in contemplazione nel bosco si recarono da Buddha. Angosciati dagli spaventosi spiriti degli alberi, lo pregarono di indicare loro un altro luogo in cui poter continuare indisturbati le loro meditazioni.

Buddha, tuttavia, fece notare ai religiosi che l'unico modo di liberarsi di quegli spiriti molesti sarebbe stato affrontare la loro stessa paura. Li esortò quindi a tornare nel bosco e meditare sull'amore universale.

I monaci fecero come lui aveva suggerito: nel corso della meditazione arrivarono a sprigionare tanto amore che gli spiriti degli alberi smisero di terrorizzarli e, anzi, da quel momento in poi iniziarono a proteggerli.

Dal momento che non comprendiamo

quattro cose, e non riusciamo a interiorizzarle,

io e te continuiamo a vagare

attraverso il ciclo dell'esistenza.

Quali sono queste cose?

Bontà, concentrazione, saggezza e liberazione.

Se le conoscessimo e le comprendessimo a fondo,

smetteremmo di desiderare un'esistenza superficiale.

Ciò che causa la continua rinascita nel ciclo

della vita troverebbe così la sua fine.

E finalmente smetteremmo di vagare.

BUDDHA

LA REINCARNAZIONE

Secondo l'insegnamento di Buddha, la vita che attualmente conduciamo non è la prima volta in cui siamo al mondo. E, anche dopo la morte, nasceremo di nuovo. Ci troviamo nel *samsara* (letteralmente «migrazione»), nell'«originazione dipendente», nell'infinito ciclo di morte e rinascita.

Nel corso delle nostre vite precedenti, attraverso i nostri pensieri e le nostre azioni, abbiamo accumulato un karma positivo o negativo (vedi anche pp. 49-50). Ogni reincarnazione dipende dalle trasformazioni karmiche a cui siamo giunti nelle vite che abbiamo già concluso. In altri termini, possiamo rinascere in diversi ambiti dell'esistenza. Alcuni sono piacevoli e preziosi, altri invece portano con sé esperienze dolorose.

Stando alla concezione buddista, il fatto di essere venuti al mondo come uomini costituisce una «nascita preziosa», ovvero una circostanza fortunata, perché a differenza degli animali, che si trovano a un piano più basso dell'esistenza, a noi uomini è data la possibilità unica di interrompere il ciclo eterno della vita e raggiungere il Nirvana, ovvero uno stato incondizionato di felicità (vedi anche p. 29).

Tuttavia ci è concesso lasciare il samsara soltanto se superiamo la nostra ignoranza, ci emancipiamo dalle cose e raggiungiamo l'illuminazione.

Una volta risvegliati, secondo i dettami del buddismo Mahayana, possiamo anche propendere per la strada del bodhisattva (vedi anche p. 17). Così facendo, decidiamo in maniera consapevole di restare sul piano di esistenza dell'uomo e aiutare gli altri sulla via dell'illu-minazione.

Naturalmente, raggiungere la conoscenza più elevata è un obiettivo arduo da centrare, ma vale comunque la pena vivere seguendo i principi dell'etica e sviluppare compassione e saggezza. In questo modo, infatti, favoriamo un karma positivo e creiamo le condizioni ottimali per la nostra prossima esistenza.

La strada verso il Nirvana

Un giorno un bramano chiese a Buddha: «Poiché il Nirvana esiste ed esiste una via per raggiungerlo, che tu ci hai indicato, com'è possibile che alcuni dei tuoi seguaci ci riescano e altri no?».

«Prova a immaginare, bramano, che un uomo venga da te e ti chieda la strada che conduce a Rajgir. E che, nonostante tu gli abbia spiegato correttamente la strada, quest'uomo si diriga verso ovest, mentre un altro che vi ha ascoltati segua le tue istruzioni e arrivi senza problemi a destinazione. Anche Rajgir esiste, e così anche la strada per rag-giungerla, e tu la conosci. Perché, dunque, secondo te, uno ha preso la strada sbagliata e l'altro quella giusta?»

«Non penso che dipenda da me. Io mi sono soltanto limitato a dare le indicazioni.»

«Esatto. Anche se il Nirvana esiste, ed esiste la via che conduce a esso, che io conosco, alcuni dei miei discepoli giungeranno alla meta, e altri no. E non c'è niente che io possa fare per cambiare questa realtà. Tutto ciò che posso fare è indicare loro il cammino.»

Lo stato limpido, tranquillo, perfetto
in cui le catene del «voler essere questo o quello»
sono cadute una dopo l'altra:
è questo che chiamo saggezza.
Colui che è sfuggito all'aspro e pericoloso
ciclo dell'illusione e della rinascita,
che si è lasciato alle spalle questo circolo,
colui il cui spirito è concentrato
e scevro da legami e dubbi:
costui è veramente saggio.

BUDDHA

Se vuoi conoscere il tuo passato,

e sapere da dove sei venuto,

osserva te stesso nel presente,

perché il presente è il risultato del tuo passato.

Se vuoi conoscere il tuo futuro,

allora osservati nel presente,

perché il presente è la causa del tuo futuro.

BUDDHA

IL KARMA

Il karma (in pali *kamma*, ovvero «azione») descrive il principio della causalità in relazione al nostro comportamento etico.

Tutti vogliamo essere felici. Eppure, spesso il modo in cui ci comportiamo ha conseguenze negative sul nostro spirito e sull'ambiente che ci circonda. Le ripercussioni dei nostri pensieri e delle nostre azioni sono causa della nostra sofferenza e infelicità.

Il principio karmico, tuttavia, non va inteso come un sistema punitivo, semmai è più vicino all'idea per cui raccogliamo ciò che abbiamo seminato. È la legge di causa ed effetto. Nel corso della nostra vita accumuliamo karma positivo o negativo, a seconda che ci comportiamo bene o male. Se, per esempio, agiamo in modo disinteressato e altruistico, possiamo annullare il karma negativo nella nostra attuale vita e creare condizioni favorevoli per la prossima, dal momento che le forze karmiche giocano un ruolo importante nella reincarnazione. In relazione alla nostra vita presente, questo significa che, pur avendo ereditato il nostro karma, non gli siamo completamente sottomessi, perché abbiamo comunque la possibilità di influenzare il nostro destino. Perciò dovremmo sforzarci di superare le negatività del nostro sé, di evitare, quando possibile, le cattive azioni e improntare il nostro agire all'amore e alla saggezza, favorendo un miglior «bilancio karmico».

Tutto ciò che pensiamo e facciamo mette in moto qualcosa. La legge karmica è sempre attiva e, di conseguenza, il nostro karma è in continua crescita. Tuttavia, tali leggi non agiscono necessariamente in modo lineare, quindi l'effetto di una buona azione non si manifesta per forza in questa o nella prossima vita: più spesso, infatti, ognuna delle nostre azioni è come un seme che piantiamo. Questo seme ha bisogno di condizioni ben precise per poter attecchire e germogliare. Ciò significa che nella nostra vita si verificano molte cose che non siamo in grado di comprendere fino in fondo. Oppure, altrimenti detto: la nostra mente accecata non ci permette di riconoscere quali semi germoglieranno né di capire perché, invece, determinati effetti diventano evidenti ai nostri occhi.

Secondo la concezione buddista, soltanto gli illuminati sono in grado di comprendere le correlazioni tra cause e circostanze. A noi invece, in quanto «non illuminati», non resta che contemplare scenari che a uno sguardo superficiale possono apparire illogici, mentre sono perfettamente plausibili se si dispone di una profonda comprensione dell'equilibrio karmico. Così un uomo che si comporta spesso in modo iniquo può condurre una vita apparentemente soddisfacente (ha una bella famiglia, un buon lavoro, è ricco e in salute), ma è probabile che abbia creato le condizioni per tutto questo in una precedente.

Non ha senso speculare su come e quando si manifesteranno gli effetti delle nostre azioni. È molto più sensato, invece, chiarire a noi stessi che ogni nostra azione ha delle conseguenze: quello che facciamo oggi plasma il nostro futuro. In questo l'intenzione con cui compiamo un'azione svolge un ruolo fondamentale. Se, senza volerlo, facciamo del male a un altro essere vivente – per esempio se schiacciamo un insetto senza accorgercene –, non inneschiamo un karma negativo; lo scateniamo, invece, quando i nostri comportamenti sono guidati da avidità, rabbia, ignoranza, invidia o superbia.

La legge karmica ci esorta a vivere con attenzione, nella piena consapevolezza delle nostre intenzioni e delle nostre azioni. E, dal momento che la generosità e la compassione favoriscono un karma positivo, quanti seguono la dottrina buddista sanno perfettamente cosa fare per influenzare in positivo la propria vita e creare le condizioni migliori per la prossima.

Il nostro mondo è in costante mutamento.

Crescita e declino sono la sua vera natura.

Le cose compaiono e poi si dissolvono.

Felice è colui che si accontenta

di contemplarle pacificamente.

BUDDHA

TRANSITORIETÀ E MORTE

Buddha aveva capito che nel mondo quale noi lo conosciamo, cioè nel samsara, tutto è transitorio. Ogni cosa scorre senza sosta; le persone, così come gli oggetti, nascono e muoiono; ogni pensiero e sentimento è passeggero. Tutto è un unico flusso di fenomeni in perenne mutamento.

Spesso noi uomini cerchiamo di fermare questo flusso, di difenderci dai cambiamenti. Invece, secondo Buddha, questi tentativi provocano sofferenze e delusione, perché si tratta di un'impresa destinata al fallimento. Dobbiamo diventare consapevoli della transitorietà e affrancarci dall'attaccamento alle cose. Di questo processo fa parte anche una delle sfide più difficili per gli esseri umani: il confronto con la morte, il più grande dei cambiamenti, che inevitabilmente ognuno di noi dovrà affrontare.

Nessuno sa quando la morte lo coglierà, ma può succedere prima di quanto pensiamo. Se riusciamo a comprendere e accettare la caducità e, di conseguenza, la limitatezza della nostra esistenza, saremo in grado di apprezzare molto di più ogni istante che ci viene donato. Forse a quel punto non assisteremo più con indolenza allo scorrere del tempo e ci dedicheremo alle cose davvero importanti per noi, invece di rimandarle sempre a un futuro imprecisato.

Dalla prospettiva buddista questa consapevolezza ci assegna un compito chiaro e ben definito: impegnare il tempo a nostra disposizione per condurre una vita retta, percorrere il cammino della conoscenza e contribuire alla felicità degli altri.

Perseguendo con fermezza questo obiettivo, al momento della morte potremo riguardare alla nostra esistenza senza dover rimpiangere di esserci persi l'essenziale.

Nel buddismo la morte non è separata dalla vita, perché con essa comincia al tempo stesso anche la vita. È una nuova nascita. In virtù di questo possiamo immaginare nascita e morte come una sola porta, che resta sempre aperta. Nell'istante in cui moriamo, la fine e l'origine della vita si fondono in un tutt'uno.

Secondo la dottrina buddista dovremmo essere preparati alla nostra morte tutti i giorni. Se siamo pronti, e se abbiamo interiorizzato l'idea che la morte non significa la fine della vita, la prospettiva di morire ci farà meno paura. Anzi, il buddismo ci esorta a vedere la morte come un'amica, ad accettarla e familiarizzare con lei (facendone oggetto delle nostre meditazioni, per esempio), affinché ci si manifesti in modo più bonario. Inoltre, non temere la morte ci farà aprire alla vita con più gioia, ci priverà di ogni aggressività e angoscia, rendendo più agevole l'accesso ai piani superiori dell'esistenza. Finché non accettiamo la morte, come sostiene anche il maestro di meditazione tibetano Drukpa Rinpoche, rimaniamo incompleti, derubati della nostra più profonda natura, della nostra coscienza eterna. Se abbiamo paura di morire, non potremo mai essere felici.

Questo atteggiamento ci permette di affrontare in modo diverso, e meno doloroso, anche la scomparsa delle persone a noi care.

Nella seconda parte del libro, che contiene esercizi e consigli pratici per la vita quotidiana, troverete un esercizio di meditazione buddista per abituarci all'idea della nostra transitorietà (vedi p. 119).

IL BUDDISMO
QUOTIDIANO

Se il tuo spirito diventa duro come una roccia

e resta imperturbabile

in un mondo in cui tutto si muove,

allora il tuo spirito è il tuo migliore amico,

e nessuna sofferenza potrà scalfirlo.

BUDDHA

IL POTERE
DEL RILASSAMENTO

Praticare la meditazione regolarmente comporta moltissimi effetti benefici. Può liberarci dai pensieri negativi e favorire un atteggiamento spirituale positivo, rendendoci più equilibrati, tranquilli e forti.

Numerose ricerche scientifiche hanno inoltre dimostrato che la meditazione è in grado di influire anche sulla nostra salute fisica. Contribuisce, per esempio, a diminuire lo stress, rafforza il nostro sistema immunitario, riduce i disturbi depressivi ed è utile per contrastare l'ipertensione.

Per raggiungere questi obiettivi è necessaria una pratica meditativa mirata e prolungata. Tuttavia, se preferite una strada meno impegnativa, anche una breve meditazione può aiutare a ritagliarvi una piccola pausa da una giornata particolarmente gravosa, ad accantonare per un po' i problemi irrisolti che vi affollano la mente o le pressioni che esercitano su di voi i familiari o i vostri superiori e colleghi, e a staccare da tutte le situazioni quotidiane che sono per voi fonte di stress e tensione.

Grazie alla meditazione possiamo trovare la nostra isola di pace in cui rifugiarci, dove potremo organizzare i pensieri, raccoglierci, migliorare i nostri livelli di concentrazione e attingere a nuova energia. È molto semplice. Dobbiamo soltanto farlo.

Nel buddismo la pratica della meditazione gioca un ruolo fondamentale per il nostro sviluppo interiore. Aiuta a tranquillizzare lo spirito e favorisce la consapevolezza e la concentrazione. Chi la esercita può raggiungere una condizione di gioia, amore e nitidezza autentici, e avvicinarsi al più nobile obiettivo perseguito da ciascun buddista: l'illuminazione.

Sia che puntiamo anche noi a raggiungere l'illuminazione o che siamo semplicemente alla ricerca di qualche esercizio benefico da inserire nella nostra routine quotidiana per rilassarci, o per affrontare con maggiore consapevolezza le sfide e i problemi o interagire in modo più aperto e benevolo con chi ci sta intorno, il buddismo offre preziose indicazioni e strumenti pratici che possono essere facilmente integrati nella nostra vita di ogni giorno.

Nelle prossime pagine verranno presentate alcune semplici pratiche di meditazione indicate anche come primo approccio per i principianti assoluti.

La meditazione del respiro, che vi propongo poco più avanti (vedi pp. 66-67), è un esercizio fondamentale, che costituisce la base di tutte le altre forme di meditazione, delle quali ci occuperemo nei capitoli successivi.

Se volete cimentarvi con qualche tentativo di meditazione più «avanzato», dovrete prima imparare a praticare la meditazione del respiro. Soltanto dopo, quando vi sentirete pronti, potrete passare a esercizi più complessi.

UN RIMEDIO VELOCE
CONTRO LO STRESS E LA RABBIA

La meditazione del sorriso, che vi illustro di seguito, è un esercizio semplice e adatto anche alle persone che hanno poco tempo o che non sono interessate a immergersi approfonditamente nella pratica meditativa.

L'esercizio può essere svolto in meno di un minuto, e in svariati posti: potete farlo in ufficio, a casa, sull'autobus oppure su una panchina nel parco.

Quando avete bisogno di una piccola iniezione di energia, quando le attività quotidiane si fanno troppo frenetiche o qualcosa vi ha fatto arrabbiare, può aiutarvi a ritrovare la positività e a ricaricare le pile.

Sedetevi su una sedia in posizione comoda e con la schiena dritta.

Tenete i piedi lontani l'uno dall'altro, ma appoggiati a terra. Le mani sono posate sulle cosce, con i palmi rivolti verso l'alto. Rilassate le spalle.

Chiudete gli occhi.

Adesso inspirate profondamente, gonfiando la pancia, e poi espirate. Percepite la parete addominale che si alza e si abbassa.

Inspirate ed espirate di nuovo... Alla prossima inspirazione sorridete, e continuate a farlo mentre espirate, poi quando inspirate ed espirate ancora.

Ripetete un'ultima volta: inspirate ed espirate, sempre sorridendo.

Ora aprite gli occhi e continuate a sorridere a voi stessi e al mondo che vi circonda.

Provateci. Il beneficio che trarrete da questo semplice esercizio vi sorprenderà.

Se volete cimentarvi con esercizi di meditazione più lunghi e articolati, ci sono alcuni accorgimenti preliminari da rispettare, per esempio la giusta posizione da assumere.

PREPARARSI ALLA MEDITAZIONE

Innanzitutto, se possibile, cercate un posto tranquillo, dove nessuno verrà a disturbarvi.

Indossate abiti larghi e comodi, poi cercate la posizione. Se siete alle prime armi, è consigliabile mettervi seduti su una sedia, con la schiena dritta, le mani appoggiate sulle cosce, con i palmi rivolti verso il basso, e le piante dei piedi sul pavimento. Rilassate le spalle, spingendole leggermente all'indietro. Inclinate la testa in avanti. Tenete gli occhi socchiusi, rivolti verso il pavimento, senza guardare niente. Se le prime volte tendete a distrarvi troppo, potete chiudere del tutto gli occhi per favorire la concentrazione e riaprirli nel corso dell'esercizio. Il viso deve essere rilassato e la punta della lingua appoggiata sulla gengiva dietro l'arcata dentaria superiore.

Posizione del mezzo loto e del loto

Se vi risulta sufficientemente comodo, potete sedervi a gambe incrociate usando un cuscino sul pavimento.

Chi ha già esperienza può assumere la tradizionale posizione del loto (indicata soltanto per chi non ha problemi alle ginocchia!): adagiatevi sul cuscino, in modo che il sedere risulti leggermente rialzato rispetto al pavimento. Mettete prima il piede sinistro sulla coscia destra e poi il destro sulla coscia sinistra.

Una posizione meno estrema è quella del mezzo loto, consigliabile soprattutto se siete agli inizi, per abituarvi gradualmente a quella del loto vera e propria. Per riuscirci, appoggiate prima la pianta del piede destro contro lo stinco sinistro e poi pian piano, quando vi sentite abbastanza sciolti, avvicinatela all'interno della coscia sinistra. Soltanto quando riuscirete a stare in questa posizione in modo rilassato e senza sforzo potrete cercare di assumere la posizione del loto completa.

In entrambi i casi, portate le mani davanti all'ombelico, congiungendole: la mano destra sulla sinistra, i palmi rivolti verso l'alto, con i pollici che si sfiorano leggermente. Qualunque sia la posizione scelta, assicuratevi che la schiena sia dritta e le spalle rilassate, in modo che l'energia possa scorrere libera nel corpo e che possiate svuotare la mente.

Indicazione importante: durante l'esercizio, mantenete sempre la calma. Non costringetevi mai ad assumere una posizione scomoda, o rischiate di causare seri danni ai muscoli e alle articolazioni. Una buona meditazione si basa prima di tutto su una posizione comoda, che lasci fluire liberamente il respiro.

In generale, per fare progressi con la pratica della meditazione, svolgere gli esercizi con regolarità è più importante della durata delle singole sedute.

Passiamo adesso alla meditazione del respiro, che, come abbiamo detto, è la base per molte altre tecniche meditative.

Recati dove puoi stare da solo ed esercitati così:

quando inspiri, sii consapevole di star inspirando.

Quando espiri, sii consapevole di stare espirando.

Se farai tesoro di questo consiglio

e ti eserciterai, ne trarrai gran giovamento.

Se impari a essere consapevole del tuo respiro,

ovunque tu sia, e qualunque cosa tu faccia,

sarai sempre tranquillo, calmo e concentrato.

BUDDHA

TRANQUILLIZZARE LA MENTE: LA MEDITAZIONE DEL RESPIRO

Assumete una posizione comoda per la meditazione.

Se volete, potete prima rilassare il corpo, per esempio facendo un po' di stretching, scuotendo braccia e gambe, oppure ruotando dolcemente la testa.

Adesso concentratevi sul respiro. Osservate il modo in cui l'aria entra ed esce dal vostro naso. Percepite il flusso che si insinua nel vostro naso, risalendo attraverso le narici e poi, fuoriuscendo, lambisce il labbro superiore. Non cercate di regolare il respiro. Lasciatelo semplicemente andare e venire.

Concentratevi sulla pausa tra espirazione e inspirazione, notando come l'aria affluisce di nuovo alle narici, e poi ancora sulla pausa tra inspirazione ed espirazione.

Sentite l'aria defluire, lasciatela scorrere libera.

La vostra attenzione è completamente rivolta al momento presente. Assaporate la sensazione di pace interiore e rilassamento, e non perdete consapevolezza del vostro respiro. Se i vostri pensieri si allontanano, riportateli con calma sulla respirazione.

Concludete la meditazione con un'espirazione, aprite gli occhi se li avevate chiusi e alzatevi lentamente.

All'inizio esercitatevi nella meditazione del respiro per tre o cinque minuti al massimo. Se volete, dopo una breve pausa potete aggiungere un'altra seduta di tre o cinque minuti.

Gradualmente, potrete aumentare la durata della meditazione fino a trenta minuti, a seconda del grado di intensità con cui volete dedicarvi alla pratica.

A prescindere dall'effettiva durata del vostro esercizio, però, quel che conta davvero è godervi in ogni caso la sensazione che vi trasmette una mente tranquilla e rinvigorita e cercare di portarla con voi, per quanto possibile, nelle vostre giornate. La prossima volta che il mondo che vi circonda sembrerà troppo frenetico e avrete l'impressione di non sapere più dove avete la testa, concedetevi semplicemente una piccola pausa.

Anche un breve esercizio di meditazione servirà a darvi ristoro e a riposare la mente. Se vi eserciterete in maniera assidua e costante, vi accorgerete di riuscire a raggiungere questo obiettivo con sempre maggiore facilità. Concedetevi questa esperienza: vi esorto a provare almeno una volta. Non ve ne pentirete!

Varianti della meditazione del respiro

Se vi rendete conto di avere difficoltà a concentrarvi sulla respirazione, o che nel corso dell'esercizio il vostro livello di concentrazione si abbassa e tendete a distrarvi, potrebbe esservi utile contare i respiri. Ci sono diversi modi per farlo. Sperimentate quello che funziona meglio per voi.

Variante 1: contate mentalmente le fasi della respirazione: «uno» quando inspirate, «due» quando espirate. Continuate così: «uno», «due», «uno», «due».

Variante 2: contate mentalmente seguendo questo schema: «uno» alla prima inspirazione-espirazione, «due» alla seconda, «tre» alla terza, «quattro» alla quarta e così via. Quando arrivate a dieci, ricominciate da capo.

Variante 3: quando inspirate, contate velocemente «uno, uno, uno, uno, uno...» e quando espirate «due, due, due, due, due...», alla successiva inspirazione contate «tre, tre, tre, tre, tre...» e all'espirazione «quattro, quattro, quattro, quattro, quattro...». Quando arrivate a dieci, ricominciate da capo.

Che sollievo avere una mente ammaestrata
e assaporare la gioia della liberazione.
Eppure, quant'è difficile ammaestrarla,
quanto sottili sono gli inganni dei pensieri!
Acquietarli e domarli è la vera via per la felicità.

BUDDHA

SUPERARE STANCHEZZA, NERVOSISMO E STRESS

Al lavoro è l'ennesima giornata superimpegnativa. Nella vostra casella di posta elettronica si sono accumulate una montagna di email a cui dovete rispondere, il telefono squilla senza sosta e, come se non bastasse, dovete finire un progetto urgente e presentarlo prima di pranzo al vostro capo. Il livello di stress è altissimo.

Vi sforzate di concentrarvi e di affrontare un compito alla volta. Riuscite a non impazzire troppo e in qualche modo trovate persino il tempo di concedervi un tranquillo momento di meditazione del sorriso alla scrivania (vedi pp. 62-63). Così, nonostante il nervosismo, non vi distraete e mantenete la visione d'insieme.

Quando tutto è passato e non vedete l'ora di godervi una meritata pausa pranzo con i colleghi, solo in quel momento vi rendete conto che vi manca il fiato. In situazioni come questa può esservi utile l'esercizio che sto per spiegarvi.

Se il tempo lo permette, potete abbinarlo a una passeggiata in un parco o in un altro luogo tranquillo all'aperto.

Secondo Drukpa Rinpoche dovremmo meditare anche nel trambusto della vita quotidiana, in mezzo alle persone, in strada. Così facendo possiamo innalzarci e osservare lo spettacolo del mondo, come se fosse un fiume che scorre eternamente, senza inizio né fine. Ci sentiamo al centro delle cose, l'unico punto fisso, con la nostra coscienza, le nostre sensazioni, i nostri pensieri. In questo senso, sostiene il maestro tibetano, la meditazione ci aiuta a rinnovare le nostre energie e a scacciare la noia.

LA MEDITAZIONE CAMMINATA

Questo esercizio di meditazione può aiutarvi a raggiungere la piena consapevolezza quando vi sentite troppo stanchi, nervosi o agitati per stare seduti. L'esercizio può essere svolto in una stanza oppure all'aperto.

Avanzate lentamente, un passo dopo l'altro. Concentratevi su ogni minimo dettaglio del movimento, sul modo in cui prima il tallone e poi la pianta e la punta del piede toccano il terreno.

Percepite come il vostro peso si sposta fluidamente da un piede all'altro. Osservate come il secondo si solleva da terra, si sposta in avanti e si posa di nuovo a terra con il tallone. Tenete lo sguardo fisso su un punto davanti ai vostri piedi, in basso.

Rilassate le braccia lungo il corpo e cercate di muovervi a un ritmo tranquillo e regolare, ma non troppo piano perché rischiereste di perdere l'equilibrio.

La camminata di questo esercizio non è mirata a raggiungere una meta. La vostra attenzione deve concentrarsi solo ed esclusivamente sul passo che state compiendo in quel determinato momento, sul posto in cui vi trovate in quel preciso istante. A ogni passo siete esattamente dove volete essere. Se riuscite a concentrarvi sulla camminata, non c'è motivo, qualora se ne presentasse l'occasione, per non esercitarvi in questo genere di meditazione lungo i vostri percorsi abituali, mentre andate al lavoro o sulla strada verso casa. Inoltre, a quanto pare Buddha stesso continuò a praticare regolarmente questo esercizio anche dopo l'illuminazione.

Suscita in te stesso lo spirito di massima risolutezza,

esercitati nella bontà, dona gioia e protezione;

lascia che il tuo dono diventi simile allo spazio remoto,

libero dall'idea di distinzioni e confini.

Fa' ciò che è sano, non per il tuo bene,

ma per rendere felici tutti gli esseri dell'universo.

Proteggi e libera chi incontri

e aiutalo a percorrere la via della saggezza.

BUDDHA

DALL'EGOISMO ALLA BONTÀ AMOREVOLE

Noi uomini siamo fatti in modo tale da non poter essere felici se siamo «isolati».

Nel profondo del nostro essere, lo sappiamo tutti. Non possiamo non riconoscere che tutte le cose del mondo sono collegate. Nessuno di noi agisce o si muove in uno «spazio vuoto». Al contrario, ognuno dei nostri pensieri e delle nostre azioni ha un effetto, su noi stessi e su chi ci circonda.

Non possiamo chiudere gli occhi e inseguire soltanto la nostra felicità, anche se il mondo intorno a noi è pieno di dolore. Se provassimo a intraprendere questa via, ci ritroveremmo senz'altro in un vicolo cieco.

Da questo punto di vista, molti uomini si illudono: credono di poter essere felici voltando le spalle al dolore altrui, o fingendo di non vederlo, e preoccupandosi soltanto dei propri interessi. Invece l'idea di mettersi in cerca di una «felicità» così egoista è paradossale.

Soltanto quando prendiamo parte alla vita degli altri – questo ci insegna il buddismo –, soltanto quando proviamo amore e compassione per loro, possiamo raggiungere una felicità autentica, profonda e duratura.

Se ci lasciamo dominare dall'egoismo e proviamo invidia e disgusto per i nostri simili, siamo noi a rimetterci. Non si tratta soltanto di un principio buddista, ma di uno dei precetti più antichi delle società occidentali: ogni sentimento negativo che proviamo ci ritorna indietro come un boomerang, danneggiando noi stessi più di chiunque altro. Ciononostante, troppo spesso sembriamo dimenticarlo. Dimentichiamo quanto possa essere salutare e liberatorio esercitare la nostra mente a sviluppare pensieri positivi, essere gentili, generosi e pazienti.

Invece in questo modo possiamo affrancarci dal nostro egoismo, riscoprire l'amore e la lucidità e raggiungere una più grande soddisfazione e armonia interiori.

La meditazione ci assiste in questo cammino, anzi accresce il nostro desiderio di vedere felici gli altri e di impegnarci attivamente ad alleviare la nostra e la loro sofferenza. E più procediamo su questa strada, più il nostro agire sarà coerente.

La meditazione descritta di seguito può aiutarci a diventare più altruisti e a interagire con il mondo con benevolenza. Svolgendo questo esercizio con convinzione, getteremo le basi per un radicale cambiamento del nostro stato d'animo, per liberarci dei pensieri negativi e placare il nostro spirito inquieto.

Inoltre, incoraggiamo l'amore nei confronti di noi stessi e degli altri.

LA MEDITAZIONE DELLA BONTÀ AMOREVOLE

Cercate un luogo tranquillo, dove nessuno possa disturbarvi, e assumete una posizione di meditazione o un'altra posizione che vi risulti comoda.

Rilassatevi e concentratevi sul vostro respiro (vedi anche p. 66).

Dopo aver inspirato ed espirato consapevolmente diverse volte, immaginatevi un bambino che vi guarda fiducioso e sorridente. Lo abbracciate e vi sentite pervadere da un sentimento di amore incondizionato. Augurate il meglio a questo essere piccolo e bisognoso di protezione e sperate che non conosca mai alcuna sofferenza. Percepite questo sentimento di bontà e amore senza riserve che si diffonde dentro di voi.

Adesso immaginate una persona a voi particolarmente vicina, per esempio un familiare o un amico, e ripetete nella vostra mente il seguente augurio: «Possa essere felice e sano. Possa il suo spirito essere soddisfatto».

Estendete poi questa riflessione a tutte le persone che vi sono care. Pensate a tutti con bontà amorevole.

Il passo successivo è ampliare l'augurio a tutte le persone nei confronti delle quali avete un atteggiamento neutro, cioè non provate né sentimenti positivi né negativi.

Ora, rivolgete un pensiero buono anche ai vostri rivali e nemici. Naturalmente, non augurerete loro di continuare a comportarsi male, ma che si liberino dalla loro avidità, dall'odio e dalla durezza di cuore e siano anch'essi pervasi dalla bontà amorevole.

E per finire, auguratevi il benessere di ogni singolo essere umano sulla Terra.

Consiglio: potete iniziare l'esercizio anche esercitando la bontà amorevole nei confronti di voi stessi.

Immaginatevi felici e con un'espressione raggiante: esprimete il desiderio di essere sempre soddisfatti e sereni e che il vostro spirito sia perennemente appagato.

Se dubitate di voi stessi oppure avete difficoltà ad accettarvi così come siete dovreste indirizzare la bontà amorevole soprattutto verso la vostra persona.

Questa pratica vi aiuterà a liberarvi di pensieri negativi e insicurezze. Dopodiché vi riuscirà più facile provare amore altruistico e compassione per gli altri.

La bontà amorevole è una meditazione del cuore. Cercate di mantenere vivo il sentimento originato durante la meditazione anche dopo la fine dell'esercizio.

Portate la sensazione di positività che vi ha procurato nel vostro quotidiano: in ufficio e nei rapporti con la famiglia e gli amici. Sforzatevi di trattare gli altri in modo aperto, cordiale e privo di pregiudizi. Ne trarrete beneficio anche voi.

Il significato attribuito da Buddha alla bontà amorevole è evidente da queste sue parole:

Di tutti gli esercizi spirituali nessuno possiede

un sedicesimo del potere della bontà amorevole.

Come la luce di una stella non è nemmeno

un sedicesimo della lucentezza della luna, la cui luce

ne eclissa il chiarore, così lo splendore della bontà

amorevole eclissa tutti gli altri esercizi spirituali.

Come al termine della stagione delle piogge

il sole si alza in un cielo limpido e privo di nuvole,

dissipando l'oscurità con i suoi fulgidi raggi,

come alla fine della più buia delle notti

le stelle del mattino brillano trionfanti,

così nessuno degli esercizi spirituali possiede anche

solo un sedicesimo del potere della bontà amorevole.

Questa racchiude in sé tutti gli altri, e li eclissa

con il suo splendore.

BUDDHA

Se per qualcosa esiste un rimedio,

perché dovrei turbarmene?

Se invece un rimedio non esiste,

a cosa serve il mio turbamento?

SHANTIDEVA

BENVENUTI
IN CODA

È pazzesco! Siete appena entrati in autostrada e, dopo la prima curva, vi rendete conto che davanti a voi si è formata una coda lunghissima. Siete già in ritardo, non ci voleva proprio. Iniziate ad agitarvi e imprecare contro tutto e tutti. Maledizione! Perché deve esserci traffico proprio qui? Perché proprio a me e proprio oggi che ho un meeting importante e volevo arrivare presto in ufficio?

Potete imprecare quanto volete e inveire contro la sorte, ma non servirà a far sparire il traffico. Potete giurare a voi stessi che la prossima volta uscirete prima, che prenderete un'altra strada o userete i mezzi pubblici, ma al momento siete bloccati in macchina e non potete fare altro che accettarlo.

Quello che invece *potete* cambiare è il modo in cui state affrontando la situazione. Naturalmente nessuno vi impedisce di continuare a inveire e arrabbiarvi, ma potete considerare la cosa da tutt'altra angolatura. Provate a osservarvi dall'esterno e ad analizzare la cosa nel modo più obiettivo possibile. Siete in coda e state avanzando più lenti di quanto pensavate. È ingiusto, ma non potete farci niente.

Cos'altro osservate? Siete comodamente seduti al volante, nell'abitacolo si sta al caldo e all'asciutto. Siete tranquilli. Nessuno vuole farvi del male. A giudicare dal numero di macchine incolonnate, ci vorranno almeno dieci minuti prima che il traffico si riduca. Ebbene, quei dieci minuti appartengono soltanto a voi.

Perché non utilizzare l'inattesa pausa per ripassare la presentazione per il meeting a cui avete lavorato per tutta la settimana? Se siete già preparati al meglio e avete chiara la scaletta nella vostra mente, potete sfruttare questo momento per il seguente esercizio di rilassamento.

RILASSAMENTO NEL TRAFFICO

Sedete con la schiena il più dritta possibile e le spalle rilassate e sciogliete la nuca ruotando delicatamente la testa un paio di volte, prima verso destra e poi verso sinistra. Rilassate anche i muscoli del viso. Adesso concentratevi sul respiro.

Inspirate e percepite l'aria che riempie i vostri polmoni e vi fa gonfiare l'addome. Espirate lentamente e rilassate ancora di più la muscolatura. Liberatevi dallo stress e da ogni sensazione di rabbia e impazienza. Fate il pieno di nuova energia, forza e sicurezza in voi stessi per questa giornata e lasciate che la negatività fluisca fuori dal vostro corpo. Terminate l'esercizio con un'espirazione dopo qualche minuto, a seconda di quanto tempo vi concede il traffico.

Usare fruttuosamente il tempo che passate in coda non cambierà il fatto che impiegherete più di quanto avevate preventivato per raggiungere la vostra meta, ma almeno trasformerà una situazione irritante in un momento di relax e meditazione.

Non vi sentirete più in balia della sfortuna e della rabbia che ne è derivata, ma attivi e indipendenti. In questo modo potrete ricaricare le energie, ristabilire il vostro equilibrio (nonché il buonumore) e affrontare più tranquilli e concentrati tutto ciò che la giornata avrà in serbo per voi.

Consiglio: quando svolgete questo esercizio non immergetevi troppo nella meditazione. Ricordate che siete pur sempre al volante in mezzo al traffico. Tenete gli occhi aperti e interrompetevi per qualche istante se vedete che le macchine davanti a voi iniziano a muoversi. Quando vi fermate di nuovo, tornate a concentrarvi sul vostro respiro. Se invece non siete voi a guidare, potete meditare più profondamente.

Il modo migliore per liberarsi di un nemico

è ammettere che non è un nemico.

BUDDHA

PRIMA DI SBOTTARE: COME AFFRONTARE LA RABBIA

Sentimenti come la rabbia e l'odio sono un nostro nemico interiore. Noi siamo convinti di rivolgerli contro qualcuno che ci ha provocato o che ci ha fatto arrabbiare, ma in realtà li rivolgiamo contro noi stessi, danneggiando non soltanto la nostra mente ma anche il nostro corpo. Se ci fossilizziamo troppo a lungo su queste emozioni – che peraltro secondo la concezione buddista sono veleni psichici, al pari dell'ignoranza, della concupiscenza, dell'invidia e della superbia –, finiamo per dare un'immagine così negativa di noi stessi da perdere le amicizie e spingere gli altri a evitarci. In questo modo ci isoliamo per colpa nostra e diventiamo sempre più emarginati. La rabbia può tenerci così in scacco da influenzare persino il nostro riposo: diventiamo sempre più inquieti e, se non le mettiamo un freno, in casi estremi rischiamo di farci venire un'ulcera o altri malesseri fisici.

Cosa otteniamo comportandoci così? Quando scateniamo la nostra collera contro un'altra persona, è probabile che anche lei reagisca in modo aggressivo, facendo degenerare la situazione. Se invece il nostro interlocutore ci ignora, la rabbia ci resta dentro, senza però farci sentire meglio. Esiste anche una terza possibilità: la nostra collera non scalfisce il nostro «avversario», che anzi si accorge di averci messo di cattivo umore e ne trae una certa soddisfazione, che non si sforza di nascondere. E anche questo non ci è di grande aiuto.

Buddha ci insegna come utilizzare la nostra rabbia in modo costruttivo, prima di arrivare al punto di sbottare.

Prima di tutto dovremmo ignorare la persona verso la quale è rivolta la nostra rabbia, per riuscire almeno in parte ad acquietare la mente. Un secondo passo consiste nell'operare un distinguo tra la persona e il suo comportamento, allo scopo di non reagire contro di lei ma contro il modo in cui agisce. Potenzialmente i comportamenti possono sempre cambiare. Qualcuno che di solito è aggressivo con noi, può a un certo punto ravvedersi e «ammorbidirsi». Per far sì che ciò accada, però, anche noi dobbiamo fare la nostra parte, o almeno sforzarci di non provocare. Dovremmo provare a trattare questa persona con bontà amorevole e compassione, visto che anche lei, come noi, potrebbe essere in difficoltà a causa del suo karma negativo e incattivirsi di conseguenza.

Per stimolare in voi la bontà amorevole e la compassione, vi consiglio l'apposito esercizio di meditazione, che abbiamo visto alle pagine 76-77.

Nel prossimo capitolo, *Che fare quando siete di cattivo umore, spaventati o preoccupati?*, troverete dei consigli su come affrontare il cattivo umore, le ansie e le preoccupazioni.

Storia di una riconciliazione

Due regni erano sul punto di dichiararsi guerra perché non riuscivano a stabilire a chi appartenesse un argine.

Quando Buddha vide entrambi i sovrani con gli eserciti in assetto da battaglia, chiese loro di spiegargli quale fosse l'oggetto della disputa. Dopo aver ascoltato entrambe le parti, disse: «L'argine può essere utilizzato dal popolo di entrambi i regni, ma ha un valore in sé, a parte questo?».

«No, non ha alcun valore in sé.»

«Ma se combattete non è probabile che molti dei vostri uomini perdano la vita, o che voi stessi restiate uccisi?» li provocò Buddha.

«Sì, in caso di guerra molti dei nostri uomini morirebbero, e anche la nostra vita sarebbe in pericolo.»

«E il sangue di questi uomini ha un valore inferiore a quello di questo mucchio di terra?»

«No» risposero i re. «La vita degli uomini e la nostra è al di sopra di ogni valore.»

«E dunque voi vorreste scambiare qualcosa di infinitamente prezioso con una cosa senza valore?»

In quel momento la rabbia dei due re si dissolse, e trovarono una soluzione pacifica.

CHE FARE QUANDO SIETE DI CATTIVO UMORE, SPAVENTATI O PREOCCUPATI?

Ci sono giorni in cui siamo di cattivo umore, vediamo tutto nero, o c'è qualcosa che ci angoscia. E spesso queste condizioni psichiche non si risolvono in breve tempo, ma rischiano di monopolizzare il nostro stato d'animo a lungo. A volte ci svegliamo giù di morale senza un motivo evidente e non riusciamo a liberarci di quella brutta sensazione per tutta la giornata. Abbiamo l'impressione di non riuscire a fare niente, ci sembra tutto troppo difficile. E se ci capita una piccola disavventura non riusciamo a sorriderne, con il giusto distacco, anzi ci fa diventare ancora più cupi o irascibili.

In altre occasioni ci capita di pensare che tutti si siano coalizzati contro di noi. Forse è stato il comportamento di un caro amico o del nostro partner a deluderci, abbiamo problemi di lavoro o ancora non ci sentiamo all'altezza degli impegni della nostra vita. Ci sono innumerevoli situazioni e difficoltà che possono farci sentire stanchi, depressi, angosciati o arrabbiati.

Anche se è indubbiamente complicato liberarci di tutte le nostre preoccupazioni quotidiane, dei malumori e delle paure – e non esiste nessuno che possa liberarci da questi problemi schioccando le dita –, nel buddismo possiamo trovare consigli concreti su come affrontare queste avversità.

In primo luogo può aiutarci riconoscere che il cattivo umore, i problemi e le preoccupazioni, così come tutti gli altri fenomeni del mondo, sono passeggeri (vedi anche pp. 53-54). Il che significa che vanno e vengono e che ci saranno momenti in cui la vita non ci sembrerà tanto ostile. Questa consapevolezza può già regalarci consolazione e speranza.

In secondo luogo, possiamo dedicarci alla meditazione consapevole (vedi pp. 91-93).

È uno strumento straordinario per affrontare sentimenti negativi, instabilità emotive o, più in generale, le preoccupazioni. In questa meditazione, osserviamo specificamente come si originano i nostri pensieri e le nostre emozioni, ed esercitiamo la mente a pacificarsi. Tale esercizio ci aiuta a vedere con maggiore chiarezza le cose per come sono realmente. Percepiamo le nostre esperienze con maggiore consapevolezza e siamo in grado di reagire in modo più adeguato. Così facendo rafforziamo il nostro equilibrio interiore e la sicurezza di poter dominare la nostra vita e non ci lasciamo più sviare o mettere in difficoltà.

Anche il maestro buddista Sogyal Rinpoche ci ricorda che l'esercizio della meditazione consapevole ci aiuta a disfarci della negatività, dell'aggressività e di altre fastidiose sensazioni. Perché questo succeda, è importante evitare di reprimere queste emozioni e, al contrario, accettarle e accoglierle. I maestri tibetani sostengono che, così facendo, ci sentiremo immersi in uno spazio senza limiti, caldo e confortevole, come se fossimo avvolti da un tessuto fatto di luce solare.

Oltre alla meditazione consapevole il buddismo propone anche un altro straordinario metodo per affrontare preoccupazioni ed emozioni negative. Più ci concentriamo su noi stessi, più ci ripieghiamo letteralmente su di noi e più forte, dolorosa e insormontabile ci appare la nostra sofferenza. Se invece riusciamo a cambiare prospettiva e a prendere in considerazione la sofferenza degli altri aprendoci a loro, i nostri problemi perdono di significato.

Molto spesso, non vedendo una soluzione ai problemi che ci assillano, ci facciamo prendere dalla disperazione. Il panico e il malumore ci bloccano e non troviamo punti di appiglio per liberarci da questo stato d'animo. Invece anche in una condizione simile possiamo mostrare compassione e benevolenza per gli altri. Ed è proprio questo passo a fare la differenza! Ci aiuta a trasformare il nostro sconforto in fiducia, la disperazione in affettuosa partecipazione e il nostro cattivo umore in serenità. Questo non deve rappresentare necessariamente un cambiamento definitivo, ma almeno per un momento proviamo sollievo, perché rivolgendo la nostra attenzione agli altri non ci sentiamo più, noi e il nostro dolore, al «centro dell'universo».

Fate un tentativo. Uscite dal vostro avvilimento e aiutate un amico, qualcuno della vostra famiglia o un collega che ne ha bisogno. Sarete sorpresi dall'effetto che avrà su di voi.

Anche se vi trovate in una situazione in cui vorreste che fossero gli altri a prendersi cura di voi, a volte basta un piccolo gesto verso uno di loro per farvi star meglio, per esempio invitare a cena qualcuno che sapete angosciato per qualche preoccupazione.

Se avete un'amica che soffre per un amore non corrisposto oppure è stata lasciata dal compagno, chiamatela! Ascoltatela con attenzione e piena partecipazione. Meglio ancora, andate direttamente da lei e fatele compagnia, per non farle passare la serata sola sul divano a piangere. Forse riuscirete persino a convincerla ad andare al cinema o a cena fuori. Siate premurosi e pensate a cosa farebbe piacere a voi in una situazione analoga.

Ci sono un'infinità di possibilità per aiutare gli altri. Anche se è necessaria grande forza di volontà per uscire dalla propria «palude» e lasciare da parte le proprie angosce, datevi una scossa e siate creativi! Potete soltanto guadagnarci!

Un buon esercizio per sviluppare compassione per gli altri è la meditazione della bontà amorevole descritta alle pagine 76-77.

LA MEDITAZIONE CONSAPEVOLE

Questa meditazione esercita lo spirito a placarsi e aiuta a percepire le cose che avvengono nel momento presente e poi scompaiono. Ci fa riconoscere la transitorietà dei nostri pensieri, delle nostre sensazioni ed emozioni, oltre che sviluppare un maggiore equilibrio e la consapevolezza del vivere qui e ora.

Cercate un posto tranquillo in cui non sarete disturbati e assumete una posizione comoda per meditare. Rilassate le spalle, la nuca e i muscoli del viso e concentratevi sul vostro respiro (troverete una descrizione più dettagliata di questo passaggio alla pagina 66).

Dopo aver inspirato ed espirato diverse volte, cercate di percepire tutti i pensieri, le immagini interiori e le sensazioni che provate in quel momento, non importa quali siano. Siate osservatori neutrali, che lasciano scorrere tutto davanti a loro come un ruscello, senza cercare di intervenire o giudicare.

Concentratevi su ogni sensazione e sentimento, che si tratti di gioia, amore, insicurezza, invidia, rabbia, soddisfazione o qualunque altra cosa.

Lasciate fluire i vostri pensieri. Se vi sentite sopraffare da immagini o impressioni oppure percepite che vi state perdendo nei vostri pensieri, tornate a concentrarvi sul respiro, finché non avrete ritrovato il filo. A quel punto convogliate di nuovo l'attenzione su tutto ciò che la coscienza vi propone.

All'inizio provate per cinque minuti, fate una pausa e ricominciate altre due volte, sempre per cinque minuti. Gradualmente potete portare la durata della seduta fino a trenta minuti.

Cercate di trasferire la consapevolezza raggiunta grazie a questo esercizio anche nel vostro quotidiano. Concentratevi su quello che state facendo adesso: proprio qui, ora. Nei limiti del possibile, svolgete con consapevolezza ogni vostra attività, che stiate pulendo la vostra bicicletta o mangiando. Rimanete lucidi e concentrati sul momento presente e osservate, allo stesso tempo, in quale stato d'animo si trova il vostro spirito.

Consiglio: durante questo esercizio di meditazione possono venire a galla pensieri e sensazioni sia piacevoli sia spiacevoli. Se riuscite, esaminateli con atteggiamento neutrale, senza giudicarli o valutarli. Può tuttavia succedere che le immagini e le emozioni evocate siano troppo violente o persino opprimenti. In questo caso, tornate a concentrarvi sul respiro. Se vi sentite insicuri o la meditazione vi risulta sgradevole, vi consiglio di continuare a esercitarvi con la guida di un maestro di meditazione esperto, che può darvi la giusta sicurezza e l'aiuto di cui avete bisogno.

Lo scopo dell'esercizio è acquisire coscienza dell'irrequietezza della nostra mente e riconoscere quanto possano essere fugaci i nostri pensieri e le nostre sensazioni. I più esperti riescono in questo modo a raggiungere grande pace interiore e profonde intuizioni. Per i principianti, invece, è consigliabile avvicinarsi a questa pratica meditativa con l'aiuto di un maestro.

Al suo risveglio, Buddha gridò:

«Meraviglia delle meraviglie!

In realtà gli esseri senzienti

sono illuminati e risplendono

della loro saggezza e virtù.

Eppure, poiché la loro mente

si è lasciata ingannare

e crede all'esistenza di un sé,

non se ne rendono conto».

KEGON-SUTRA

ACCETTARSI
E PERDONARSI

Abbiamo già visto quanto sia importante per la concezione buddista accettare gli altri e dimostrare loro compassione e bontà amorevole. Un presupposto essenziale perché questo si verifichi è che amiamo e accettiamo noi stessi, incondizionatamente. Possiamo dare soltanto ciò che possediamo. Se ci biasimiamo e siamo troppo duri o pronti a giudicare le nostre inadeguatezze, i nostri errori e le nostre debolezze, è difficile riuscire ad accettare gli altri e accoglierli con benevolenza. Dobbiamo riconoscere prima di tutto che siamo degni di essere amati e meritiamo di essere felici. Soltanto così possiamo arrivare a maturare un profondo sentimento di amore per chi ci sta intorno.

La tradizione Mahayana ha una posizione chiara su questo punto: tutti noi abbiamo una «natura di Buddha» che attende soltanto di essere scoperta. Questo vuol dire che tutti portiamo dentro di noi il potenziale per l'illuminazione. Eppure, per utilizzare un'antica immagine buddista, siamo come un mendicante che non sa che sotto la sua capanna è sepolto un tesoro. Essendo ignaro della propria ricchezza, quel mendicante continua a vivere da povero. Proprio come lui, anche noi non abbiamo ancora scoperto la nostra vera natura. L'obiettivo fondamentale del buddismo è che ogni persona individui il proprio tesoro nascosto e così trovi la massima soddisfazione della sua vita.

Questa prospettiva – la consapevolezza che in ognuno di noi si nasconde un potenziale immenso che dobbiamo imparare ad apprezzare, anche se a volte commettiamo degli errori, abbiamo pensieri negativi o ci comportiamo male – può aiutarci ad accettarci per quello che siamo.

Accettarsi non significa approvare i propri sbagli e continuare ad agire in modo acritico. Al contrario, significa diventare consapevoli delle proprie debolezze e inadeguatezze e sostituirle con pensieri, azioni e sentimenti positivi. Riconoscere i nostri errori è fondamentale per il nostro sviluppo spirituale. Soltanto in questo modo, infatti, possiamo pentircene sinceramente e, cosa altrettanto importante, perdonarci. Questo processo è la premessa fondamentale per comportarci in maniera più retta e non ripetere gli stessi errori.

Riconoscendo di essere umani, e dunque fallibili, non creiamo su noi stessi aspettative eccessive e impossibili da realizzare, e soprattutto saremo in grado, quando commetteremo uno sbaglio, di provare un sincero pentimento e cambiare rotta.

Grazie a questo atteggiamento, inoltre, ci risulterà più facile chiedere scusa alle persone che abbiamo trattato male o con le quali ci siamo comportati in maniera scorretta, risolvendo fraintendimenti e incomprensioni.

Secondo il Dalai Lama chi odia se stesso non può amare gli altri. Se non ci si sforza di modificare questa mentalità, diventa molto difficile trovare pace interiore e felicità. E questo, per il Dalai Lama, significa sprecare la propria vita.

A chi fa fatica ad accettarsi pienamente il buddismo consiglia la meditazione della bontà amorevole (vedi pp. 76-77), che aiuta a ridurre le insicurezze e a favorire amor proprio e fiducia in se stessi.

Sii amorevole, sii amichevole,

percorri il cammino della bontà.

BUDDHA

LO STRESS DEL TELEFONO... E ALTRE «SGRADEVOLI» INTERRUZIONI

Spesso, nel nostro quotidiano, ci troviamo ad affrontare situazioni che mettono a dura prova la nostra pazienza. Per esempio, quando lo squillo del telefono ci interrompe di continuo mentre stiamo lavorando, tanto da impedirci di pensare lucidamente. Oppure quando siamo sotto pressione per una consegna, e proprio in quel momento un collega piomba nel nostro ufficio perché ha urgente bisogno di un'informazione. Più siamo stressati, più è probabile che reagiamo a queste interruzioni in maniera inconsulta. Se la tensione rimane costante per un periodo di tempo prolungato, finiamo per sviluppare un meccanismo automatico, per cui basta lo squillo di un cellulare o il minimo intoppo a farci perdere la calma e per innescare una violenta reazione di difesa.

Occupiamoci prima del caso del telefono molesto.

APRIRE IL CUORE A CHI CI CHIAMA

A casa è relativamente facile gestire il flusso delle telefonate in arrivo. Se non volete essere disturbati basterà togliere la suoneria e inserire la segreteria telefonica, ascoltando e rispondendo a eventuali messaggi quando avrete tempo.

In ufficio, però, non tutti possono avvalersi del «filtro» della segreteria telefonica per ritagliarsi un certo lasso di tempo da dedicare esclusivamente a una determinata attività. Se non potete evitare le telefonate, dovreste cercare di affrontare questo dato di fatto con l'atteggiamento più positivo possibile, evitando che la tensione e lo stress aumentino.

Se però vi accorgete di essere sempre più «allergici» al telefono, potete provare il semplice esercizio illustrato qui sotto. È una soluzione efficace per modificare il vostro atteggiamento.

Quando il telefono suona, non rispondete subito: aspettate che squilli tre volte e nel frattempo concentratevi sul vostro respiro.

Questi preziosi secondi appartengono soltanto a voi. Usateli per rilassarvi e raccogliervi. Mentre espirate per l'ultima volta, liberatevi dei pensieri che vi occupavano fino un attimo prima e apritevi alla richiesta del vostro interlocutore, qualunque essa sia.

Adesso siete pronti a sollevare il ricevitore.

Questo piccolo trucco servirà a evitare che rispondiate al telefono in preda a sentimenti negativi, come l'impazienza o persino la rabbia. Anzi, vi sentirete rilassati e bendisposti, pronti a concentrarvi del tutto su chi vi sta chiamando: ascolterete con attenzione la persona all'altro capo della linea e avrete una visione più chiara, anziché considerare la telefonata come un fastidioso disturbo da liquidare il più in fretta possibile. Di solito problemi e domande si risolvono più facilmente con un atteggiamento positivo e ci si può rimettere più in fretta al lavoro.

Ancora un consiglio: se possibile, impostate la suoneria del vostro telefono a un volume piacevole. Basta questo a rendere lo squillo più sopportabile e a ridurre lo stress.

RESTARE CALMI

Quando ricevete una chiamata avete la possibilità di concedervi una breve pausa prima di sollevare il ricevitore. Ma come comportarvi quando un collega piomba da voi senza preavviso, e al momento meno opportuno, con una richiesta urgente? Se il vostro partner o vostro figlio pretendono la vostra completa attenzione mentre state preparando la cena o scrivendo un'email importante? Se vi sentite già stanchi e stressati, c'è il rischio concreto che situazioni del genere vi sottraggano ulteriore energia. Anche in questo caso, però, esiste un piccolo ma efficace stratagemma per «riprendere fiato», nel vero senso della parola.

Mentre il vostro interlocutore vi sta parlando, concentratevi per un breve istante sulla vostra respirazione.
Provateci, vedrete che funziona. Espirando, lasciate fuoriuscire tutto ciò che vi teneva occupati fino a poco prima.
Alla successiva inspirazione incamerate nuova energia e preparatevi ad affrontare chiunque vi abbia interrotto.
A questo punto potrete rivolgergli la vostra completa attenzione.

Vi accorgerete di essere più aperti e rilassati nei confronti dello scocciatore di turno, fosse anche solo per dirgli gentilmente, se la situazione lo permette, che al momento siete impegnati su una cosa urgente, ma sarete disponibili nel giro di mezz'ora.

Se qualcuno ti denigra o insulta,

allena il tuo spirito in questo modo:

rimani imperturbabile

e non ripagarlo con la stessa moneta.

Liberati del rancore e interpreta la sua ostilità

come uno stimolo a comprenderlo.

Sii mite e generoso, tratta il tuo nemico

come un amico. Investi ciò che ti circonda

con pensieri di bontà amorevole,

lascia che la tua mente sia libera,

senza confini e priva di odio.

Cerca di mantenere quest'attitudine.

BUDDHA

L'ARTE DI INTERAGIRE CON LE PERSONE DIFFICILI

Non di rado capita che gli altri ci trasformino in specchi del loro malumore. A volte, infatti, ci ritroviamo a subire comportamenti sgradevoli, se non vere e proprie aggressioni, senza sapere perché l'altro stia scaricando la sua rabbia su di noi, dal momento che non abbiamo nessuna colpa.

Immaginate per esempio di trovarvi nella seguente situazione: siete in autostrada e avete appena iniziato una manovra di sorpasso, quando all'improvviso sbuca una macchina lanciata a tutta velocità che si avvicina alla vostra fin quasi a sfiorarla, vi incalza con gli abbaglianti e alla fine, mentre vi spostate a destra per lasciarla passare, il guidatore vi mostra il dito medio. Come reagite? Rispondete al suo insulto con un altro gesto rabbioso, imprecate e vi infuriate per il suo modo di fare incivile?

Oppure immedesimatevi in quest'altra situazione: il vostro capo si fionda nel vostro ufficio e vi fa una sfuriata ingiustificata per una piccolezza. Che reazione vi scatena? E come vi comportate se tornate stanchi dal lavoro e, appena mettete piede in casa, il vostro compagno o la vostra compagna vi urla contro per un chiaro malinteso, rendendo inevitabile un litigio?

Da una prospettiva buddista, dovremmo cercare di restare imperturbabili e mantenere il nostro equilibrio interiore quando abbiamo a che fare con persone difficili. Non dovremmo vedere gli altri come avversari o nemici, perché sarebbe un artificio creato dalla nostra mente, senza alcun fondamento. Eppure spesso ci lasciamo influenzare a tal punto da convincerci che sia vero. Invece di reagire con rabbia o irritazione alla collera dell'altro, dovremmo riconoscere che sta agendo in maniera sconsiderata. La sua anima è dominata da sentimenti negativi, ed è questo a spingerlo a comportarsi in quel modo con il prossimo. Ma più sofferenza causa agli altri più, secondo la legge karmica, aggraverà la propria. La nostra felicità, o infelicità, infatti, è la conseguenza delle nostre azioni. Forse quella persona si comporta così male perché gravata da un karma negativo (vedi anche il capitolo *Il karma*, pp. 49-50).

Alla luce di questa consapevolezza, possiamo provare compassione per il nostro presunto nemico e augurargli che il suo spirito riesca a emanciparsi dall'odio, dalla rabbia e da tutti gli altri stati d'animo negativi che prova in questo momento. Un simile atteggiamento ci aiuterà a interagire meglio con le persone stressate o aggressive che incontriamo, e a comunicare loro che siamo disposti ad aiutarli.

Per favorire la compassione e un atteggiamento benevolo nei confronti dell'altro il buddismo consiglia di ricorrere alla meditazione della bontà amorevole (vedi pp. 76-77).

All'odio non si mette fine con l'odio:
soltanto l'amore può vincere l'odio.
Questa è una legge eterna.

BUDDHA

IL COMPORTAMENTO ETICO

La dottrina buddista della «genesi dipendente» chiarisce che nel mondo come noi lo percepiamo tutte le cose sono legate. Niente esiste in modo indipendente dal resto. E per questo non dovremmo considerarci isolati dagli altri uomini. Il fatto che siamo al mondo, la vita che viviamo, il modo in cui vediamo o sentiamo le cose, sono il risultato di una complessa catena di cause ed effetti. Di conseguenza anche i nostri pensieri e le nostre azioni sono un effetto, che a sua volta darà luogo a nuove circostanze ed eventi.

Accettando questa legge generale, ci assumiamo una responsabilità verso noi stessi e gli altri. In altre parole, come dice il filosofo e maestro di meditazione tibetano Sakyong Mipham, non possiamo più concederci il lusso di trattare il mondo in modo sconsiderato e comportarci male, nella speranza che alla fine tutto andrà bene. Come possiamo chiudere gli occhi e agire con leggerezza, se sappiamo che i nostri pensieri e le nostre azioni hanno conseguenze sulla nostra vita e su quella di tutti gli altri esseri del pianeta?

Secondo la concezione buddista, comportarsi in modo egoistico o indifferente testimonia un accecamento. Se pensiamo solo al nostro interesse e benessere personale, convincendoci che degli altri non ci importa, ci sbagliamo di grosso.

Questa illusione ci rende egocentrici, gettando le basi per conflitti, intolleranza, ingiustizie e inimicizia. Inoltre, comportandoci in questo modo nutriamo il nostro karma negativo, piantando i semi della nostra infelicità.

Il buddismo ci insegna che il benessere degli altri non deve esserci indifferente e che anzi dobbiamo rapportarci a loro con la massima cura (vedi anche *Il Nobile Ottuplice Sentiero*, pp. 33-35).

La già citata meditazione della bontà amorevole (vedi pp. 76-77) può aiutarci a smettere di sentirci staccati dal tutto e a provare compassione e partecipazione per la sofferenza altrui. Coltivare il pensiero dell'unità degli uomini e di tutti gli esseri, anziché fissarsi sulle differenze, contribuisce a creare le basi per il comportamento etico e a emanciparci da sentimenti come l'avarizia, l'invidia o la gelosia, predisponendoci invece alla tolleranza, alla generosità, alla compassione e alla benevolenza.

Lo scopo del prossimo esercizio pratico è capire come prendere la decisione giusta e perseguire con coraggio l'obiettivo di agire in modo etico.

LA COSTRUZIONE DI UN ATTEGGIAMENTO POSITIVO

Andate a dormire con il proposito di svegliarvi con spirito aperto e curioso.

Quando aprite gli occhi, la mattina dopo, allungatevi e stiracchiatevi un po' mentre siete ancora distesi, per svegliarvi completamente.

Poi concentratevi per un momento sulla vostra respirazione: inspirate ed espirate un paio di volte (vedi anche p. 66).

Adesso preparatevi ad affrontare il mondo in modo positivo, curioso ed energico. Ripromettetevi di agire con rettitudine e di orientare le vostre scelte in base a questo principio.

Ponetevi la seguente domanda: «Come posso prendere la decisione giusta?».

Alla fine della meditazione, potete anche formulare la seguente affermazione, di rafforzamento ai vostri buoni propositi: «Oggi mi impegnerò per prendere la decisione giusta».

Chi segue il cammino dell'altruismo
conosce le benedizioni di una vita votata
alla ricerca della verità.
Se sei attaccato alla tua ricchezza,
è meglio liberartene anziché
lasciare che ti avveleni lo spirito.
Se invece non le sei attaccato,
puoi essere utile ai tuoi simili.
Non sono ricchezza e potere
a rendere l'uomo schiavo,
ma il suo attaccamento a essi.

BUDDHA

LA RICCHEZZA
È DEPLOREVOLE?

Secondo Buddha i possedimenti materiali non rappresentano, in linea di principio, un ostacolo allo sviluppo spirituale. Certo, lui stesso aveva rinunciato a una vita di lusso e ricchezza rivolgendosi al totale ascetismo, tuttavia in un secondo momento si era reso conto che nessuno dei due estremi avrebbe potuto condurrlo all'illuminazione. Al contrario, Buddha ci consiglia di seguire la «via di mezzo» (vedi anche p. 29).

Disporre dunque di denaro o ricchezza non è di per sé condannabile, ma dobbiamo tener presenti due cose.

In primo luogo, dovremmo esserci guadagnati la nostra ricchezza in modo etico. Il Nobile Ottuplice Sentiero ci impone una «retta condotta di vita», dunque la nostra attività lavorativa non dovrà dare luogo a ingiustizie o danneggiare altri.

In secondo luogo è determinante il modo in cui ci approcciamo alla ricchezza e al potere. Come per tutte le altre cose, nemmeno per queste dovremmo provare attaccamento. Non dobbiamo essere avidi ed è necessario che impieghiamo le nostre ricchezze responsabilmente.

Fondamentale, inoltre, è avere ben chiaro che le ineguaglianze economiche e sociali spesso causano discordie e inimicizie. Se godiamo di una situazione finanziaria privilegiata, secondo la concezione buddista abbiamo l'obbligo morale di pensare agli altri e di contribuire a ridurre l'abisso che separa i ricchi dai poveri.

Dobbiamo essere generosi e saggi, sostenere gli altri e cercare di alleviare la loro sofferenza.

Siamo tutti responsabili per le condizioni del nostro mondo e dovremmo esserne più consapevoli. Per questo, se possiamo, dobbiamo contribuire alla stabilità materiale del mondo, che è a sua volta un presupposto fondamentale dell'armonia sociale.

Senza contare che, in questo modo, nutriamo la nostra ricchezza interiore e il nostro karma positivo.

La ricchezza, così come la vita, non è né buona

né cattiva. Dipende tutto dall'uso che se ne fa.

Se la si è accumulata illegalmente e la si tiene

solo per sé, non può rendere felici.

Se è stata procurata senza nuocere agli altri,

allora se ne può gioire.

Non dimentichiamo, tuttavia, il pericolo

di restare attaccati alla ricchezza. Per questo

dovremmo condividerla con gli altri, per giusti fini.

Solo emancipandoci dall'attaccamento

e dai desideri, la ricchezza potrà generare felicità.

Non dovremmo coltivare la ricchezza

soltanto per noi stessi, ma per il bene

di tutti gli esseri senzienti.

BUDDHA

MEDITARE SULLA PROPRIA CADUCITÀ

La morte è un mistero. Tuttavia, sostiene Sogyal Rinpoche, su di essa sappiamo almeno due cose: che moriremo, ma non come e quando. Ne consegue che l'incertezza sull'ora della nostra morte è la nostra unica sicurezza. Ma questa diventa, secondo il maestro, una scusa che utilizziamo per evitare il confronto con la morte, comportandoci come bambini che, giocando a nascondino, chiudono gli occhi e si convincono che nessuno li veda.

Il seguente esercizio di meditazione vi servirà ad accogliere l'invito buddista a familiarizzare con la caducità di tutti gli esseri e con la vostra fine (vedi anche il capitolo *Transitorietà e morte*, pp. 53-54).

Assumete una posizione comoda per meditare. Concentratevi sul vostro respiro (vedi p. 66).

Quando avete raggiunto la pace interiore, pensate ai cambiamenti costanti nel mondo, al divenire e alla transitorietà. Poi pensate alla vostra morte. Realizzate che non ne conoscete il momento esatto e non sapete quanto tempo vi resti da vivere. La vita è preziosa, anche se avete già raggiunto un'età avanzata.

Che emozioni vi suscita questo pensiero? Cercate di chiarire quali sono le cose importanti della vita per voi. Come volete utilizzare il tempo che vi è stato donato? In che modo potete contribuire al benessere degli altri esseri viventi?

La storia dei due vecchi bramani

Un giorno due bramani, entrambi centoventenni, si recarono da Buddha. Si sedettero davanti a lui e dissero: «Siamo scribi, già vecchi e malati. Non abbiamo fatto niente di buono o nobile, dunque non c'è niente che possa attenuare la nostra paura della morte. Per favore, indicaci la via per la felicità».

Buddha rispose loro: «Ora che siete vecchi e decrepiti, bramani, avete paura di morire. Il mondo è fatto di invecchiamento, malattia e morte. Ma se riuscirete a comprendere le vostre azioni, controllare le vostre parole e contemplare in modo freddo e distaccato i vostri pensieri, ne trarrete consolazione.

«La vostra vita sta giungendo al termine. Nessuno è immune dalla vecchiaia e dalla morte. Con il pensiero rivolto alla morte imminente, compiete buone azioni, che siano causa di felicità per gli altri esseri viventi. Chi agisce bene e consapevolmente genera armonia tra corpo, parole e anima. E in questo modo scopre di non dover temere la morte, che gli porterà soltanto ulteriore felicità».

FONTI BIBLIOGRAFICHE E CONSIGLI DI LETTURA

Anne Bancroft, *The Buddha speaks*, Shambhala Publications, Boston 2000.

Ditte e Giovanni Bandini, *Quando Buddha non era ancora il Buddha. Racconti delle esistenze precedenti dell'Illuminato*, Feltrinelli, Milano 2008.

Dalai Lama (con la collaborazione di Matthieu Ricard), *I consigli del cuore*, Mondadori, Milano 2002.

Joan Duncan Oliver, *Coffee With the Buddha*, Duncan Baird Publishers, Londra 2007.

Rolf Herkert, *Yoga e meditazione*, Armenia, Milano 2008.

Sakyong Mipham, *Ruling Your World*, Harmony Books, New York 2006. —, *Turning the Mind into an Ally*, Riverhead Books, New York 2004.

Rob Nairn, *Mit dem Drachen fliegen. Ruhe und Klarheit durch Buddhismus und Meditation*, Deutscher Taschenbuch Verlag, Monaco 1997. —, *Auf den Spuren des erleuchteten Drachen. Buddhistische Meditation*, Deutscher Taschenbuch Verlag, Monaco 2000.

Matthieu Ricard, *L'arte della meditazione*, Sperling & Kupfer, Milano 2009.

Drukpa Rinpoche (a cura di Jean-Paul Bourre), *500 precetti per una vita felice*, Arnoldo Mondadori, Milano 1997.

Sogyal Rinpoche, *Riflessioni quotidiane sul vivere e sul morire*, Ubaldini, Roma 1996.

Thich Nhat Hanh, *Vita di Siddharta il Buddha*, Ubaldini, Roma 1992.
—, *Insegnamenti sull'amore*, Neri Pozza, Milano 2003.

Sylvia Wetzel e Karin Burschik, *Hoch wie der Himmel, tief wie die Erde. Meditationen zu Liebe, Beziehungen und Arbeit*, Deutscher Taschenbuch Verlag, Monaco 2007.

RINGRAZIAMENTI

Ringrazio la redazione di letteratura divulgativa della Deutschen Taschenbuch Verlag per la collaborazione straordinaria, per il sostegno e l'ispirazione. Un particolare grazie a Brigitte Hellmann per aver lavorato a questo progetto in modo premuroso e rilassato.

INDICE